AF267839

LE
GOUVERNEMENT NÉCESSAIRE

PAR

M. JULES GRÉVY

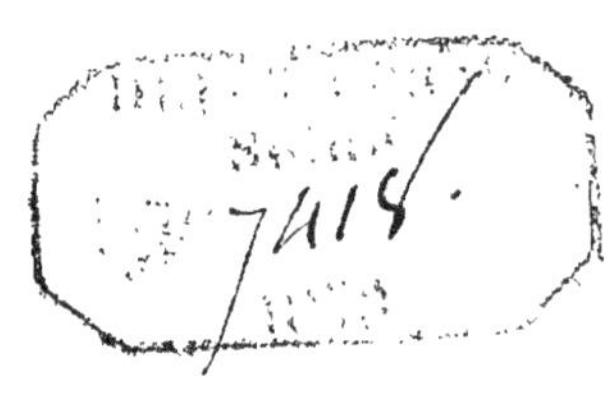

PARIS

ARMAND LE CHEVALIER, ÉDITEUR

61, RUE DE RICHELIEU, 61

—

1873

—

LE

GOUVERNEMENT NÉCESSAIRE

Je veux examiner quel doit être le gouvernement définitif de la France.

Les plus grandes difficultés, dans cette question, ne viennent pas du sujet; elles tiennent à nos préjugés, au trouble que tant de changements politiques ont jeté dans les esprits, aux partis rivaux qui nous divisent, triste legs de nos quatre-vingts ans de révolution.

Quand on étudie avec sincérité l'état présent de la société française et la condition vitale des institutions représentatives, on arrive aisément à reconnaître que, pour notre pays tel

que le temps l'a fait, le gouvernement nécessaire, parce qu'il est le seul durable, c'est celui
de la nation par elle-mème, dans sa réalité et sa
sincérité; en d'autres termes, le gouvernement
démocratique ou républicain.

C'est ce que je veux essayer de montrer avec
les lumières de la raison et les enseignements
de l'histoire.

I

Ceux qui, dans leur regret du passé et leur appréhension de l'avenir, se persuadent qu'on peut, en France, au temps où nous sommes, relever sur un fondement solide et sous une forme quelconque le gouvernement monarchique, ne tiennent point compte de ce qu'est devenue depuis un siècle la constitution sociale de la nation française.

Les peuples sont soumis à la grande loi de transformation qui gouverne notre globe, et ils subissent, comme tout ce qui le couvre, une perpétuelle métamorphose. Non-seulement ces êtres collectifs naissent, grandissent, déclinent et disparaissent, comme les êtres individuels; mais encore, durant leur existence, il s'opère incessamment en eux, sur leur génie et leurs mœurs, sur leurs intérêts et leurs besoins, sur la nature et les liens de l'aggrégation qui les compose, et, par une suite nécessaire, sur leurs lois et leurs institutions, un travail continuel de modification.

Et, pour accélérer cette œuvre lente de rénovation, il se produit de loin en loin dans le monde quelqu'un de cés faits extraordinaires, quelqu'un de ces grands courants, qui emportent irrésistiblement les peuples vers leurs destinées.

Nous assistons à un de ces faits qui changent la face des sociétés politiques, au fait le plus considérable peut-être que l'histoire ait jamais enregistré, je veux parler de l'avénement de la démocratie par l'établissement graduel de l'égalité des conditions dans les nations modernes.

Ce fait, nouveau dans le monde, car l'antiquité, avec son esclavage et ses distinctions de classes entre les citoyens, ne l'a point connu ; ce grand fait de l'égalité des conditions, qui remonte par ses premiers commencements au déclin de la féodalité, et dont les causes multiples se confondent avec celles du mouvement général de la civilisation, un des grands esprits de notre temps, M. Alexis de Tocqueville, le décrivait et le jugeait ainsi, il y a quarante ans :

« Une grande révolution démocratique s'o-
« père parmi nous ; tous la voient, mais tous ne

« la jugent point de la même manière. Les uns
« la considèrent comme une chose nouvelle, et,
« la prenant pour un accident, ils espèrent pou-
« voir encore l'arrêter; tandis que d'autres la
« jugent irrésistible, parce qu'elle leur semble le
« fait le plus continu, le plus ancien et le plus
« permanent que l'on connaisse dans l'histoire.

« Et ceci n'est pas seulement particulier à la
« France. De quelque côté que nous jetions nos
« regards, nous apercevons la même révolution
« qui se continue dans tout l'univers chrétien.

« Partout on a vu les divers incidents de la
« vie des peuples tourner au profit de la démo-
« cratie; tous les hommes l'ont aidée de leurs
« efforts : ceux qui avaient envie de concourir à
« ses succès et ceux qui ne songeaient point à la
« servir; ceux qui ont combattu pour elle, et
« ceux qui se sont déclarés ses ennemis; tous
« ont été poussés pêle-mêle dans la même voie,
« et tous ont travaillé en commun, les uns malgré
« eux, les autres à leur insu, aveugles instru-
« ments dans les mains de Dieu.

« Le développement graduel de l'égalité des
« conditions est donc un fait providentiel, il en
« a les principaux caractères : il est universel, il

« est durable, il échappe chaque jour à la puis-
« sance humaine; tous les événements, comme
« tous les hommes, servent à son développe-
« ment.

« Serait-il sage de croire qu'un mouvement
« social qui vient de si loin pourra être suspendu
« par les efforts d'une génération? Pense-t-on
« qu'après avoir détruit la féodalité et vaincu
« les rois, la démocratie reculera devant les
« bourgeois et les riches? S'arrêtera-t-elle main-
« tenant qu'elle est devenue si forte et ses ad-
« versaires si faibles?.....

« Il n'est pas nécessaire que Dieu parle lui-
« même pour que nous découvrions des signes
« certains de sa volonté; il suffit d'examiner
« qu'elle est la marche habituelle de la nature
« et la tendance continue des événements; je
« sais, sans que le Créateur élève la voix, que
« les astres suivent dans l'espace les courbes
« que son doigt a tracées.

« Si de longues observations et des médita-
« tions sincères amenaient les hommes de nos
« jours à reconnaître que le développement gra-
« duel et progressif de l'égalité est à la fois le
« passé et l'avenir de leur histoire, cette seule

« découverte donnerait à ce développement le
« caractère sacré de la volonté du Souverain
« Maître. Vouloir arrêter la démocratie paraî-
« trait alors lutter contre Dieu même, et il ne
« resterait aux nations qu'à s'accommoder à
« l'état social que leur impose la Providence…

« Il faut une science politique nouvelle à un
« monde tout nouveau.

« Mais c'est à quoi nous ne songeons guère :
« placés au milieu d'un fleuve rapide, nous
« fixons obstinément les yeux vers quelques
« débris qu'on aperçoit encore sur le rivage,
« tandis que le courant nous entraîne et nous
« pousse à reculons vers les abîmes.

« Il n'y a pas de peuples de l'Europe chez
« lesquels la grande révolution sociale que je
« viens de décrire ait fait de plus rapides progrès
« que parmi nous ; mais elle y a toujours mar-
« ché au hasard.

« Jamais les chefs de l'État n'ont pensé à rien
« préparer d'avance pour elle ; elle s'est faite
« malgré eux et à leur insu. Les classes les plus
« puissantes, les plus intelligentes et les plus
« morales de la nation n'ont point cherché à
« s'emparer d'elle, afin de la diriger. La démo-

« cratie a donc été abandonnée à ses instincts
« sauvages ; elle a grandi comme ces enfants,
« privés des soins paternels, qui s'élèvent d'eux-
« mêmes dans les rues de nos villes, et qui ne
« connaissent de la société que ses vices et ses
« misères. On semblait encore ignorer son exis-
« tence, quand elle s'est emparée à l'improviste
« du pouvoir. Chacun alors s'est soumis avec
« servilité à ses moindres désirs ; on l'a adorée
« comme l'image de la force ; quand ensuite elle
« se fut affaiblie par ses propres excès, les légis-
« lateurs conçurent le projet imprudent de la
« détruire au lieu de chercher à l'instruire et à la
« corriger, et sans vouloir lui apprendre à gou-
« verner, ils ne songèrent qu'à la repousser du
« gouvernement. »

Voilà des vérités éclatantes pour tous les esprits que n'aveugle pas la prévention.

L'égalité des conditions, ou la démocratie,
s'avance incessamment dans le monde moderne,
grandissant toujours, renversant tous les obstacles, courbant sur son passage les événements et
les hommes et les faisant servir à son développement, avec l'indomptable puissance de ces lois
supérieures sous lesquelles nous nous agitons et

qui règlent souverainement la marche de l'humanité à travers les siècles.

Dans son invasion progressive des peuples de l'Europe, c'est en France qu'elle a poussé le plus loin sa conquête. Parmi nous, tous les priviléges, toutes les inégalités légales, toutes les distinctions de classes ont aujourd'hui disparu; nos lois et nos mœurs ne reconnaissent plus ni droits seigneuriaux dans une classe nobiliaire, ni droit royal dans une famille, je veux dire, ni droit d'une famille de régner sur nous; il n'y a plus que des citoyens qui sont tous égaux devant la loi civile et la loi politique; c'est l'égalité des conditions portée à ses limites extrêmes, c'est la pleine démocratie.

Le grand mouvement social qui nous l'a apportée présente, selon l'expression de M. de Tocqueville, tous les caractères d'un fait providentiel : il est ancien, continu, universel, irrésistible; il vient, comme on l'a dit, de trop loin et de trop haut pour qu'on puisse l'arrêter, et ceux qui tenteront encore de le faire seront brisés, comme ceux qui l'ont essayé avant eux, comme l'ont été depuis la fin du siècle dernier tous nos gouvernements, parce qu'au lieu d'accepter la démocratie et de l'organiser, ils n'ont songé qu'à la repousser ou à l'asservir.

Nous avons eu depuis quatre-vingts ans huit gouvernements détruits par des révolutions violentes. Arrêtons un instant notre attention sur ce fait unique dans l'histoire; car aucun peuple, à aucune époque, ne présente ce phénomène surprenant de huit gouvernements élevés et abattus en moins d'un siècle. Quelle est la cause de si fréquents bouleversements et d'une instabilité si extraordinaire? Je sais que chacun, selon son point de vue, peut apporter son explication; mais l'histoire dira que la cause de tant de révolutions, c'est que la France est devenue depuis quatre-vingts ans une pure démocratie, et que, depuis quatre-vingts ans, elle n'a pu se constituer démocratiquement; c'est qu'au lieu de donner à cette démocratie toute-puissante la seule institution qu'elle pût supporter, on s'est opiniâtré à édifier contre elle, pour la refouler et la contenir, des gouvernements dont elle était proscrite, digues impuissantes qui n'ont duré que le temps nécessaire au flot démocratique pour monter et les rompre.

Étrange et douloureux spectacle! Depuis

bientôt un siècle, la France s'épuise en vains efforts pour sortir des convulsions dans lesquelles elle s'affaisse, et pour achever l'évolution rendue nécessaire par sa transformation sociale. La démocratie a pris possession de la société française, elle en a banni tous les priviléges, elle s'y est établie sans partage, elle a détruit tous les gouvernements qu'on lui a opposés, et elle n'a pu parvenir encore à constituer le sien ! Le tort en est, sans doute, à son inexpérience et à ses fautes, à ses excès et à ses emportements surexcités par les obstacles ; mais le tòrt en est surtout à ceux qui n'ont pas voulu l'admettre et l'organiser dans l'État.

Les uns, sans tenir compte de son avénement, ont tenté de retourner en arrière, comme si l'on remontait le passé.

Les autres ont dressé contre elle des échafaudages défectueux et sans bases, qui se sont écroulés sous son effort.

D'autres ont cru pouvoir la soumettre en la trompant, comme si l'on pouvait tromper toujours.

Tous ont péri à l'œuvre, tous ont été emportés par le grand courant social qu'ils ont voulu arrêter, et seront emportés comme eux tous ceux qui, après l'exemple de tant de naufrages, ne craindront pas de reprendre cette tâche surhumaine. Tenter de refouler la démocratie ou de l'enchaîner est une entreprise aussi insensée que celle d'arrêter la mer dans son mouvement ou la terre dans son orbite.

Nous voici revenus encore une fois au point de départ : nous allons doter la France d'un neuvième gouvernement.

Relèverons-nous contre la démocratie une de ces faibles barrières qu'elle a si souvent renversées? ou, sortant de ce cercle fatal, fonderons-nous enfin le gouvernement républicain?

Organiser la démocratie ou continuer à lutter contre elle; sortir des révolutions ou y rentrer, au risque d'y périr, telle est la question qui se dresse devant nous.

La France ne trouvera son salut que dans l'organisation de la démocratie.

II

Cette organisation, quelle est-elle?

Elle est différente selon les lieux et les temps, selon l'état d'avancement auquel l'égalité des conditions est parvenue. La question que nous avons à nous poser n'a pas cette généralité, elle est particulière à l'époque et au pays où nous sommes. Nous avons à nous demander quelle doit être aujourd'hui l'organisation de la démocratie en France.

Cette question revient à celle-ci : Quel est le gouvernement que comporte et qu'exige l'état démocratique de la société française?

Il faut en chercher la solution dans ce que j'appellerai la loi organique du gouvernement représentatif.

Ce serait une grande erreur de croire que cette institution puisse se constituer arbitrairement; elle a, comme toutes les autres, sa loi à laquelle elle ne peut impunément se soustraire.

Pour assurer leurs intérêts et pour les régler, les hommes réunis en corps de nation ont besoin de faire des lois et de les exécuter. Lorsqu'ils sont répandus sur un vaste territoire, ils ne peuvent, comme autrefois dans les petites républiques de l'antiquité, et comme aujourd'hui encore dans quelques communes de l'Amérique et de la Suisse, se réunir sur la place publique pour se gouverner directement ; ils se choisissent des mandataires. De là l'institution moderne de la représentation, institution heureuse et féconde, qui seule rend possible le gouvernement des nations par elles-mêmes, en suppléant à l'impossibilité physique du gouvernement direct, et en substituant à l'ignorance du plus grand nombre les lumières de l'élite des citoyens.

Telles sont l'origine et la raison d'être du gouvernement représentatif ; il est le représentant de la nation, préposé par elle à la confection des lois et à leur exécution.

Si la nation renferme dans son sein des éléments différents ; s'il s'y trouve un ordre nobiliaire investi de priviléges qui lui constituent des droits et des devoirs distincts de ceux des autres citoyens, une famille royale en possession du

droit de régner, une classe populaire, un tiers-
état, comme disaient nos pères, le gouvernement
doit se composer des représentants de ces trois
éléments, qui sont dans un état naturel d'antago-
nisme. Si l'un d'eux était exclu de la représentation, il ne participerait ni à la confection ni à
l'exécution des lois, auxquelles pourtant ses intérêts seraient soumis ; il resterait sans garantie
hors d'une administration dont il ne pourrait
manquer d'être la victime et l'ennemi. Dans un
tel état social, le gouvernement représentatif doit
comprendre la monarchie héréditaire et deux
chambres, l'une pour les représentants de la noblesse, l'autre pour les représentants du peuple.

Mais si la nation est homogène, si elle est devenue une pure démocratie, si ni le droit royal
ni le droit seigneurial ne sont plus admis par le
consentement universel, s'ils ont disparu des
lois et des mœurs, comment pourraient-ils être
représentés encore dans le gouvernement? Comment garderaient-ils leur place au pouvoir,
quand ils l'ont perdue dans la nation? Ce serait
plus qu'un non sens, ce serait un péril. En politique, comme en mécanique, les rouages inu-
tiles sont dangereux. Il est dans la tendance des

institutions, comme dans celle des individus, de prendre de l'importance et d'agrandir leur sphère d'action ; quand le terrain manque, on empiète ; l'empiètement amène le conflit, et le gouvernement s'écroule. Lorsque la nation est entièrement démocratique, le gouvernement ne doit être que la représentation de la démocratie. Il doit, en un mot, réfléter tout ce qui existe, mais seulement ce qui existe dans le pays.

A cette condition il est durable, parce qu'il est fondé sur une réalité. Tout gouvernement dans lequel on fera entrer un élément qui ne représente rien dans la nation ne durera pas, quelque ingénieuse que soit la combinaison ; il ne sera qu'une création artificielle établie sur une fiction. On ne bâtit solidement que sur un fondement réel.

Telle est la loi organique du gouvernement représentatif. Le bon sens la révèle, et l'histoire la confirme.

III

Étudions dans les annales des peuples modernes cette loi, tantôt observée, tantôt désobéie; nous verrons qu'elle a donné aux peuples qui l'ont respectée la stabilité et la grandeur, et que la France n'a vu tant de gouvernements éphémères et de si fréquentes révolutions que pour l'avoir toujours méconnue.

Supériorité politique ou bonheur des circonstances, l'Angleterre a excellé, parmi les nations de l'Europe, dans l'établissement et la pratique du gouvernement représentatif.

Dès que la démocratie commence à paraître en Angleterre, nous la voyons prendre place dans le gouvernement à côté de la noblesse et de la royauté, place exiguë d'abord, mais qui s'agrandit avec le temps, à mesure que la démocratie se développe elle-même.

Appelée d'abord uniquement pour consentir des taxes, elle ne tarde pas à participer à la délibération des affaires publiques, et, dès la fin du XIVe siècle, elle va s'asseoir avec la petite propriété normande dans une seconde chambre, devenue avec le temps cette fameuse chambre des communes qui a reconquis une à une sur les vainqueurs toutes les libertés dont l'Angleterre est aujourd'hui en possession.

A mesure qu'elle gagna du terrain dans le pays, comme il est dans sa nature de le faire, la démocratie en gagna dans le gouvernement, et elle est parvenue progressivement à la presque toute-puissance que nous lui voyons aujourd'hui dans le parlement, parce qu'elle est devenue presque toute-puissante dans la nation.

C'est ainsi que la démocratie anglaise, organisée dès ses débuts, mêlée aux affaires, participant au pouvoir, s'instruisant, se moralisant, arrivera insensiblement à sa constitution finale, si les deux autres pouvoirs continuent à montrer la sagesse et elle-même le tempérament, dont ils ont fait preuve jusqu'ici.

Tel est ce gouvernement des trois pouvoirs,

si justement célébré, mais si mal compris et si mal imité; qui a duré, parce qu'il a toujours fidèlement représenté les trois grands intérêts nationaux, en suivant pas à pas la société anglaise dans sa transformation; qui a progressé, parce que la royauté et l'aristocratie ont su céder par degrés la place à la démocratie; gouvernement de lente et heureuse transition, que nous avons fait la double faute de ne pas adopter lorsque nous le pouvions, et de vouloir copier quand il n'était plus temps.

IV

Les Américains des États-Unis ne sont pas tombés dans cette méprise. Lorsqu'après la guerre de l'indépendance ils voulurent se réunir en un seul peuple et constituer un gouvernement central, ils se gardèrent bien d'imiter les Anglais, n'ayant ni leur droit royal ni leur privilèges aristocratiques. Ils formaient une démocratie, ils fondèrent un gouvernement démocratique, et ils sont devenus en peu de temps le grand peuple que nous voyons. S'ils eussent emprunté aux Anglais leurs trois pouvoirs et mis une royauté et une chambre nobiliaire à côté ou au-dessus de la démocratie, il n'est pas téméraire de penser qu'elle fut entrée en lutte avec ces institutions factices, et qu'au lieu de grandir dans une liberté tranquille, les Américains se fussent affaissés, comme nous, dans une longue suite de révolutions.

Ainsi le gouvernement représentatif s'est établi sur un fondement durable, en Angleterre avec les trois pouvoirs, aux États-Unis avec la seule démocratie, parce qu'il a su, dans les deux pays, s'adapter à l'état réel de la société.

V

Moins heureux ou moins sages que les Anglais
et les Américains, nous n'avons su organiser la
démocratie dans le gouvernement représentatif,
ni lorsqu'elle apparut dans la société française,
ni lorsqu'elle l'eût entièrement envahie.

Sous l'ancienne monarchie, l'élément populaire, le tiers-état, qui occupait une si grande
place dans la nation, n'en obtint aucune dans le
gouvernement, si l'on excepte son apparition
passagère et interrompue dans les Champs de
mars et de mai; car il ne fut plus admis ni
dans les parlements seigneuriaux de Charle-
magne et de ses successeurs, ni dans aucune
autre assemblée gouvernementale. Il siégeait, il
est vrai, avec les deux autres ordres, dans les
Etats-Généraux; mais on sait que ces assemblées
de la nation, qui n'étaient ni obligatoires ni pé-
périodiques, qui n'apparaissaient que de loin en

loin quand le roi les convoquait, dont les sessions n'étaient que de courte durée, et qui n'avaient d'autre droit que celui de voter des subsides extraordinaires, ne prenaient aucune part au gouvernement. Si elles saisissaient l'occasion qui leur était offerte de se faire l'organe des plaintes et des vœux du pays; si elles présentaient des doléances dans lesquelles on trouve, il est vrai, mais seulement à l'état de requête, les réformes que la révolution a réalisées, elles n'avaient aucun moyen de les faire passer dans les lois, et on faisait de leurs cahiers le cas que l'on voulait. Les États-Généraux n'étaient point une institution gouvernementale.

C'est à cette époque qu'il fallait, à l'instar de l'Angleterre, instituer la monarchie représentative. La nation en renfermait les éléments : elle avait un droit royal, une famille en possession du trône; un droit seigneurial, les priviléges de la noblesse; une démocratie partielle, le tiers-état. Fondé sur ces trois intérêts sociaux, le gouvernement qui les eût représentés eût pu être, comme en Angleterre, durable et prospère; il eût, comme en Angleterre, instruit et moralisé la démocratie, en la formant aux maniement des affaires ; il eût ménagé les transitions, et conduit la France, par une lente et pacifique transformation, de la monarchie féodale et ab-solue à la pleine démocratie.

L'ancienne monarchie ne le sut point faire ; ce fut sa grande faute et le grand malheur de la France.

Au lieu d'attribuer à la démocratie sa part dans le gouvernement, on l'a tenue à l'écart, on l'a repoussée, on l'a laissée grandir dans son ignorance, dans ses illusions, dans ses misères, dans l'amertume de ses griefs ; et lorsqu'un jour, après des siècles de cet abandon, elle eût, dans son développement successif, envahi la société toute entière, et que, n'étant rien, elle voulut être tout, suivant un mot célèbre et vrai, elle fit irruption au pouvoir, comme un torrent qui rompt ses digues, et dans son inexpérience, ses emportements et ses colères, elle renversa tout devant elle.

VI

Je ne sais si, dans cet impétueux essor, elle pouvait s'arrêter à la limite d'une organisation sage, et si la violence de son action ne devait pas l'emporter fatalement au-delà. Ce qui est certain, c'est qu'arrivée à cette toute-puissance, elle ne pût supporter ni la monarchie, ni la noblesse, dont elle déchira les titres, et que le tardif essai de monarchie constitutionnelle de 1791, loin de la satisfaire, la surexcita comme un nouvel obstacle qu'elle détruisit à son tour. On sait le reste : portée aux dernières violences par la résistance des intérêts qu'elle brisait à l'intérieur et par la guerre étrangère allumée de toutes parts contre elle, épuisée par ses excès, dégoutante de sang, elle recula effrayée et vint tomber sous les pieds d'un soldat.

VII

Il ne la releva que pour l'assujettir ; il eût pu être le Washington de la France, il voulut en être le César.

Il institua ce gouvernement impérial, dont le sort a été deux fois de s'établir par un attentat, de se soutenir par la compression au dedans, par la guerre au dehors, et d'y périr, en entraînant la France dans son désastre.

Si cette institution fausse, qui n'appelle la démocratie que pour fonder sur son asservissement le gouvernement personnel, peut durer au déclin des sociétés dont elle précipite la décomposition, les démocraties jeunes et vivaces ne la subissent que par accident et ne la supportent pas longtemps, comme l'Angleterre l'a montré pour le protectorat de Cromwel et la France pour l'empire des deux Bonaparte.

VIII

Le gouvernement de 1814 ne chercha pas, comme l'Empire, à ruser avec la démocratie ; il la supprima, ou du moins il crut la supprimer.

Rayant d'un trait de plume vingt-cinq années d'histoire, Louis XVIII déclara qu'il venait *renouer la chaine des temps que de funestes écarts avaient interrompue* (1). Niant la souveraineté nationale, il affirma que *l'autorité tout entière réside en France dans la personne du roi* (2). Puis, s'inspirant de l'exemple de Louis-le-Gros, de saint Louis, de Philippe-le-Bel, de Louis XI, de Henri II, de Charles IX et de Louis XIV, qui *n'avaient point hésité*, dit-il, *à modifier l'exercice de l'autorité royale, suivant la différence des temps* (3), il crut devoir, au même titre

(1) Préambule de la Charte de 1814.
(2) *Ibid.*
(3) *Ibid.*

qu'eux et par son bon plaisir, octroyer une charte; octroi toujours révocable, qui ne liait qu'autant qu'ils le voulaient Louis XVIII et ses successeurs, puisque la souveraineté royale est inaliénable. C'était la royauté du moyen-âge dans toute la crudité de son principe; c'était le successeur de Louis-le-Gros, de Philippe-le-Bel et de Louis XIV, maître de la France, comme eux, par le droit de sa race, et faisant une charte comme ils avaient fait des ordonnances.

On a comparé la charte de 1814 à la constitution anglaise, dont on a dit qu'elle était l'imitation. Rien n'est moins juste que ce rapprochement. L'Angleterre a une royauté et une aristocratie encore incontestées, la France n'en a plus depuis 1789. La constitution anglaise n'est pas, d'ailleurs, une charte octroyée; elle est l'œuvre des faits et du temps. Chacun des trois pouvoirs s'y est fait lui-même sa place, en vertu de son droit propre, et c'est ce qui donne sa force à cette constitution. Les compagnons d'armes de Guillaume ont pris siége avec lui, au même titre que lui, à titre de conquérants, dans les parlements seigneuriaux qui ont suivi la conquête; et lorsque la royauté a tenté de toucher à leurs droits, ils les ont défendus les armes à la main. Les communes, quoique venues plus tard, ne relèvent non plus que d'elles-mêmes. Jamais on n'a dit, en Angleterre, que l'autorité toute entière résidait dans la personne du roi.

Lorsque Louis XVIII osa le dire en France, ce n'était plus une vérité, c'était un anachronisme. Il ne suffit pas d'une déclaration pour effacer de notre histoire une révolution qui a moins opéré que sanctionné la transformation de la société française, pour dépouiller un peuple de sa souveraineté reconquise, pour supprimer une démocratie devenue la nation elle-même. On le vit bien quinze ans plus tard, lorsque, ce gouvernement, qu'elle menaçait, voulant reprendre ce qu'il avait octroyé, elle se leva et il disparut.

IX

A la royauté légitime la révolution de 1830 substitua une monarchie élue. Le vice de cette institution était de vouloir concilier deux choses inconciliables : la souveraineté nationale et la monarchie.

Le gouvernement de 1814 avait au moins sa logique. Sachant que le propre de la monarchie est de n'avoir pour fondement que son droit, qu'elle ne peut vivre d'une existence empruntée et n'est que par elle-même, il substituait au principe républicain de la souveraineté du peuple le principe monarchique de la souveraineté du roi. L'état du pays protestait, il est vrai, contre cette substitution ; mais si l'institution de 1814 était surannée, il faut reconnaître qu'elle était logique ; tandis que celle de 1830, fondée sur le principe de la souveraineté nationale incompatible avec elle, était une conception vicieuse.

Elle se fondait sur la division de la souveraineté et sur son aliénation partielle ; elle la partageait entre le roi et la nation, comme si la souveraineté n'était pas de sa nature indivisible et inaliénable.

Je me donne volontiers le ridicule de parler des principes dans un temps où il est de mode de les dédaigner et de les sacrifier aux faits. Ils n'en sont pas moins les règles éternelles de la raison, et l'expérience a montré, pour l'institution de 1830 comme pour tant d'autres, qu'il n'est pas donné aux faits de prévaloir longtemps contre les principes.

J'ajouterai, pour ceux qué les faits seuls intéressent, que la souveraineté ne s'aliène pas plus en fait qu'en droit. Comment une génération serait-elle enchaînée par celle qui l'a précédée? Comment un peuple hésiterait-il à reprendre sa souveraineté lorsqu'il croit que son intérêt l'exige? N'a-t-on pas vu ce que valent ces aliénations?

Quant au partage de la souveraineté, son effet le plus certain est de mettre en présence et en quelque sorte aux prises deux pouvoirs souverains et indépendants, et de donner, si je puis ainsi parler, deux têtes au gouvernement.

On comprend la monarchie avec son principe, le roi souverain ; la république avec le sien, la nation souveraine ; on ne saurait concevoir l'amalgame de ces deux principes, le roi et la nation souverains l'un et l'autre.

Cette conception hybride organise fatalement le conflit, et, entre deux pouvoirs souverains, le conflit, c'est la révolution.

Le seul moyen d'éviter cet écueil, c'est que l'une des deux moitiés de la souveraineté partagée s'efface devant l'autre, que le roi se plie toujours aux volontés des représentants de la nation, en un mot que l'un des deux souverains se résigne à s'annihiler au profit de l'autre ; ce qui est une manière indirecte de revenir au principe violé et de rentrer sous son empire.

Malheureusement, cette résignation n'est pas une vertu commune, et c'est pour n'avoir pu la pratiquer que la monarchie constitutionnelle a si souvent échoué. Elle a échoué trois fois en France, elle a échoué en Espagne, elle a échoué dans les Deux-Siciles. Si elle s'est maintenue depuis quarante ans en Belgique, c'est grâce à un homme d'un grand sens, qui a su comprendre qu'il ne pouvait régner qu'en s'effaçant, et qui a eu la force d'ériger l'effacement en règle de conduite. Je ne parle pas de l'Angleterre, quoique ce que je viens de dire du roi Léopold soit applicable, au mobile près peut-être, à ses derniers souverains : l'Angleterre n'a pas le principe de la souveraineté nationale ; son gouvernement, créé par son état social et fondé sur lui, tire de lui seul sa stabilité ; il n'a avec notre monarchie constitutionnelle qu'une ressemblance superficielle et fausse.

Création arbitraire de deux pouvoirs souverains, abdication nécessaire de l'un d'eux, telle est bien l'institution de 1830.

Je n'interroge plus ni les principes ni l'expérience, ils ont répondu ; je demande au simple bon sens de juger à son tour une institution politique dont la stabilité repose sur l'annihilation forcée du chef de l'Etat ; qui exige, non-seulement d'un homme, mais encore de tous ses descendants, qu'ils n'aient jamais ni passion, ni faiblesse, ni intérêt, ni volonté, ni politique personnelle ; qui demande toujours à la nature un phénomène qu'elle produit si rarement.

Le roi Louis-Philippe était un prince éclairé, et il devait être animé d'un ardent désir de consolider le gouvernement dont il était le fondateur; il ne put se plier au rôle exigé, il avait sa politique qu'il croyait la meilleure, il voulut la faire prévaloir, il succomba.

En pouvait-il être autrement? Peut-on raisonnablement attendre qu'un chef de gouvernement abandonne insoucieusement une politique qu'il croit bonne, pour en suivre une toute contraire? Quelle idée se fait-on du caractère, de la dignité, de la conscience de l'homme que l'on place à la tête de l'Etat?

On le voit donc, l'institution de 1830 n'avait même pas ce à quoi elle sacrifiait tout, la stabilité. Monarchie fictive, aristocratie fictive, aliénation fictive de la souveraineté, elle ne se composait que de fictions. Il n'y avait de réel que la démocratie, et elle était écartée du gouvernement. Elle ne tarda pas à y réclamer sa place; elle demanda la réforme de la loi électorale, la monarchie résista et fut emportée.

Elle périt comme la royauté légitime, parce qu'elle était comme elle inconciliable avec la souveraineté nationale, qui ne se laisse ni supprimer ni partager ; elles tombèrent l'une et l'autre devant la démocratie, qui ne souffre pas longtemps les gouvernements dont elle est exclue.

C'est ainsi que l'histoire, ajoutant ses enseignements aux préceptes de la raison, nous révèle à son tour la loi qui préside à l'organisation des institutions représentatives, en nous montrant, en Angleterre et aux Etats-Unis, la durée des gouvernements qui l'ont respectée, et, en France, l'instabilité de ceux qui se sont obstinés à la méconnaître.

X

Aux conseils de la raison et de l'histoire vient s'ajouter aujourd'hui la force des choses.

Les trois dynasties que nos révolutions ont fait passer au pouvoir ont laissé derrière elles trois partis, qui ont survécu à la chute de leurs chefs et qui survivront, quoi qu'on fasse, à leur rapprochement. C'est estimer trop peu les hommes que de croire qu'il suffise d'une réconciliation de famille pour mêler deux grands partis politiques et pour faire franchir à l'un ou à l'autre l'abîme qui sépare le droit ancien du droit moderne, la souveraineté du roi de la souveraineté du peuple, le drapeau blanc du drapeau tricolore.

Les partis monarchiques sont condamnés par leurs origines, leurs principes et leurs intérêts, à se tenir réciproquement en échec et à se neutraliser ; aucun d'eux n'est assez fort pour remonter au pouvoir. Tout ce qu'ils ont pu faire, c'est de mettre en commun la seule chose qui leur soit commune, leur hostilité contre la république ; mais, unis pour détruire, ils ne le sont plus pour édifier, ils n'ont qu'une force de négation. Ils ont bien pu se coaliser contre la république sous le nom de parti de l'ordre moral, comme nous les avons vus ligués déjà contre elle, il y a vingt-cinq ans, sous la dénomination de grand parti de l'ordre ; ils ont bien pu précipiter du pouvoir un grand citoyen, parce que, à l'exemple des hommes d'Etat les plus éminents de l'Angleterre, il a su reconnaître les nécessités de son temps et faire taire d'anciennes convictions devant l'intérêt de son pays ; ils ne peuvent toucher au gouvernement républicain, parce qu'ils ne peuvent le remplacer. En vain tiennent-ils la France dans un provisoire plein de souffrances et de périls, il faudra bien qu'elle sorte d'un état qui la tue ; ne le pouvant par la monarchie, elle en sortira par la république, et, le nombre des partis qui la déchirent faisant leur faiblesse, son salut lui viendra de l'excès de ses maux.

Le jour, et il ne peut être éloigné, où les

tentatives de restauration monarchique auront
définitivement échoué, il restera péremptoire-
ment démontré pour les plus opiniâtres que, le
pouvoir n'étant plus le patrimoine d'une famille
ou d'un parti, la république est devenue le gouvernement nécessaire de notre pays et de notre
temps.

Quel autre fut mis jamais à une plus formida-
ble épreuve dans des conditions plus désavanta-
geuses? Provisoire, — on ne le lui a pas laissé
oublier un seul jour, — privé partant de ce qui
fait la force des gouvernements, la sécurité du
lendemain; dépourvu de ses organes et réduit
en quelque sorte à un état rudimentaire; attaqué
à l'envi dans son principe et son existence par
trois compétiteurs accourus pour prendre sa
place; souffert impatiemment par une partie de
l'Assemblée qui, en s'en servant, craignait de
l'affermir, le gouvernement républicain a eu à
soutenir une épouvantable guerre civile, à rétablir
l'ordre profondément troublé, à refaire le crédit,
les finances, l'administration, l'armée, à libérer
le territoire, à relever enfin la France aux yeux de
l'Europe et aux siens propres. Quel autre gouvernement se fût montré, comme il a fait, à la hauteur

d'une telle tâche? Quel autre s'est offert pour la prendre à sa place? A quelle partie de cette tâche s'est-il trouvé inférieur? Il a étonné le monde par la puissance et la rapidité de son action réparatrice. Que lui manque-t-il enfin pour ramener la confiance et avec elle la prospérité? Une seule chose, cesser d'être provisoire et menacé.

Et c'est lorsque ce gouvernement a mené à fin cette œuvre immense; que deux fois l'Assemblée nationale lui a rendu, dans la personne de son chef, le solennel témoignage qu'il a bien mérité de la patrie; que la France, reconnaissante de ses bienfaits, s'est attachée à lui par le sentiment de sa conservation et en témoigne chaque jour par toutes les manifestations qui lui sont permises; c'est lorsqu'il n'y a plus qu'à recueillir où il a semé, qu'on s'agite pour le supplanter, en essayant d'exhumer, au mépris du droit et de la volonté de la nation, un régime dont la génération de 1830 a salué la chute comme une délivrance! Et ce qui serait de l'ironie, si ce n'était de l'habileté, c'est sous le manteau des intérêts conservateurs que l'on conduit cette campagne révolutionnaire.

Quand on songe aux suites du renversement

de la république par une nouvelle restauration, aux émotions intestines, aux périls extérieurs, au retour offensif de la volonté nationale méprisée, au renouvellement fatal du vieux duel entre la démocratie et la monarchie si souvent vaincue, à la nouvelle révolution qui en serait l'inévitable issue, et dont tant de causes pourraient aggraver le caractère, on est confondu de l'aveuglement des partis qui jouent avec tant de témérité contre un triomphe d'un jour, le repos et peut-être les destinées de la France!

Si je jette un regard sur la route que je viens de parcourir, je vois la grande révolution du monde moderne, sa force irrésistible; la France, graduellement transformée, aujourd'hui devenue une pure démocratie; son inintelligence de la grande loi du gouvernement représentatif si bien comprise par l'Angleterre et les États-Unis; sa première faute de n'avoir pas su fonder la monarchie constitutionnelle quand elle en avait les éléments, sa seconde faute d'avoir voulu l'établir lorsqu'elle ne les avait plus; son obstination funeste à opposer depuis quatre-vingts ans à la démocratie des gouvernements qu'elle n'a pu supporter; la nécessité pour elle d'organiser enfin le gouvernement approprié à l'état social que le temps lui a fait, sous peine de rouler de révolution en révolution jusqu'à l'abîme ; l'impuissance des partis monarchiques ; les titres que le gouvernement républicain s'est acquis à la confiance du pays ; les redoutables événements dont son renversement serait le signal.

Ainsi, pour sortir de la région des orages, il ne s'ouvre pas deux routes devant nous : toute restauration monarchique ne serait encore qu'une halte entre deux tempêtes ; c'est dans la république seule que nous trouverons le port.

9 782011 776792